Fashion Socks stricke

Gemeinsam mit Ihnen möchten wir das 55-jährige Bestehen unseres Verlages feiern, denn 55 Jahre frechverlag, das sind 55 Jahre kreative Kompetenz. Die Entwicklungen, die unser Verlagshaus seit seiner Gründung 1955 erlebt hat, zeigen auch die Firmen-Logos, die vielleicht noch einigen bekannt sein dürften. Aus diesem Anlass haben wir uns etwas ganz Besonderes für Sie einfallen lassen: eine Jubiläumsedition mit zehn Bänden. Hier finden Sie ausgewählte Modelle zu den beliebtesten Kreativthemen aus den Bereichen Basteln, Dekorieren, Handarbeiten und Malen – und alles zum besonders günstigen Jubiläumspreis. Es hat uns in der Vergangenheit großen Spaß gemacht, für Sie neue Trends aufzuspüren und wir freuen uns, Ihnen auch weiterhin viele originelle Ideen zu präsentieren. Denn, wie schon der Verlagsgründer Eugen A. Krauss festgestellt hat: „Freizeit ist viel zu kostbar, um sie zu vergeuden".

Statistisch gesehen legt der Mensch im Laufe seines Lebens rund 160.000 Kilometer zurück, was einer viermaligen Weltumrundung entspricht. Grund genug, die Füße für diese Leistung mit besonderer Pflege zu verwöhnen. Handgestrickte Socken sind das reinste Wellness-Programm für die Füße und erfreuen sich in den letzten Jahren besonders bei Frauen wachsender Beliebtheit. Entsprechend vielfältig ist inzwischen das Angebot bei Sockenwolle. Mit frischen Farben, modernen Effekten und besonders weichen Garnmischungen – z. B. mit edler Seide – können Sie sich echte Trend-Socken für jede Gelegenheit stricken.

Wir wünschen Ihnen viel Spaß beim Nacharbeiten!

Ihre TOPP-Redaktion

So wird's gemacht

Socke mit Bumerang-Ferse

Anschlag

Die erforderlichen Maschen werden gleichmäßig oder nach Angabe in der Anleitung auf 4 Nadeln des Nadelspiels verteilt. Der Rundenwechsel befindet sich in der rückwärtigen Mitte, also zwischen der 4. und 1. Nadel. Diese Stelle ist automatisch durch den Anfangsfaden gekennzeichnet.

Schaft

Nun wird der Schaft in Runden gearbeitet. Man kann einige Zentimeter Bündchen im Rippenmuster (z.B. 1 Masche rechts, 1 Masche links oder 2 Maschen rechts, 2 Maschen links im Wechsel) stricken. Durch den Wechsel von rechten und linken Maschen erhält das Bündchen Elastizität. Sie können den Schaft nun komplett im Rippenmuster, glatt rechts oder mit Muster weiterstricken. Nach dem Schaft werden die Bumerang-Ferse und der Fuß gearbeitet.

Die Bumerang-Ferse wird in Reihen glatt rechts über die Maschen der 1. und 4. Nadel gestrickt. Da die Bumerang-Ferse kürzer ist als eine mit Fersenwand und Käppchen, stricken Sie bei Strukturmustern ca. 1 cm bis 2 cm vor Schaftende nur über die Maschen der 1. und 4. Nadel glatt rechts, über die Maschen der 2. und 3. Nadel weiter das Schaftmuster. Dabei werden, wenn nötig, in der 1. Runde überzählige Maschen auf der 1. und 4. Nadel abgenommen. Die Fersenmaschen in drei Teile aufteilen. Danach werden verkürzte Reihen mit so genannten doppelten Maschen von außen nach innen über die Maschen der Außenteile und über die jeweils äußere Masche des mittleren Drittels gearbeitet, beginnend mit den äußeren Maschen der 1. bzw. 4. Nadel:

Die Bumerang-Ferse

1. Reihe (Hinreihe): Alle Maschen einschließlich der letzten Masche der 1. Nadel rechts stricken, wenden.

2. Reihe (Rückreihe): Eine doppelte Masche arbeiten. Dafür den Faden vor die Arbeit legen, von rechts in die 1. Masche einstechen, dann Masche und Faden zusammen abheben und den Faden fest nach hinten ziehen. Dabei wird die Masche über die Nadel gezogen und liegt doppelt. Wird der Faden nicht fest genug angezogen, entstehen später Löcher. Den Faden wieder nach vorn nehmen und alle Maschen einschließlich der letzten Masche der 4. Nadel links stricken, wenden.

3. Reihe: Eine doppelte Masche arbeiten, dann alle Maschen bis zur doppelten Masche am Reihenende rechts stricken (die doppelte Masche bleibt ungestrickt), wenden.

4. Reihe: Eine doppelte Masche arbeiten und wieder bis vor die doppelte Masche links stricken, wenden.

Die 3. und 4. Reihe wiederholen, bis die letzten doppelten Maschen mit den äußeren Maschen des mittleren Drittels der Fersenmaschen gearbeitet sind.

Nun zwei Runden über alle Maschen, über die Fersenmaschen rechts, über die Maschen der 2. und 3. Nadel im Schaftmuster, stricken. Dabei in der 1. Runde bei den doppelten Maschen beide Maschenteile zugleich erfassen und als 1 Masche rechts abstricken. Nach den zwei Runden wieder verkürzte Reihen mit doppelten Maschen, aber jetzt in entgegengesetzter Richtung von innen nach außen stricken.

1. Reihe (Hinreihe): Alle Maschen einschließlich der letzten Masche des mittleren Drittels rechts stricken, wenden.

2. Reihe (Rückreihe): Eine doppelte Masche arbeiten. Nun links bis einschließlich der letzten Masche des mittleren Drittels zurückstricken, wenden.

3. Reihe: Eine doppelte Masche arbeiten. Nun rechts bis zur doppelten Masche stricken, diese wie beschrieben rechts zusammenstricken und die folgende Masche rechts stricken, dann wenden.

4. Reihe: Eine doppelte Masche arbeiten. Nun links bis zur doppelten Masche stricken, diese wie beschrieben links zusammenstricken, die folgende Masche links stricken und wenden.

Die 3. und 4. Reihe wiederholen, bis auch über den äußeren Fersenmaschen eine doppelte Masche gestrickt wurde. Nach der letzten Rückreihe (in der folgenden Reihe bzw. zu Rundenbeginn wird noch einmal 1 doppelte Masche gearbeitet) in Runden weiterarbeiten, dabei in der 1. Runde die doppelte Masche wie beschrieben rechts abstricken.

Hinweis: Bei dieser Ferse wird kein Zwickel gearbeitet.

Fuß

Nun den Fuß in der in der Tabelle unter „Fußlänge von Fersenmitte bis Spitze" angegebenen Länge arbeiten, dann mit der Bandspitze beginnen.

Bandspitze

Für die Bandspitze bei der 1. und 3. Nadel bis 3 Maschen vor Ende der Nadel stricken, dann 2 Maschen rechts zusammenstricken und die letzte Masche rechts stricken. Bei der 2. und 4. Nadel die 1. Masche rechts stricken und die beiden folgenden Maschen rechts überzogen zusammenstricken. Diese Abnahmen wie in der Tabelle angegeben wiederholen, bis noch 8 Maschen übrig sind. Den Endfaden mit einer Sticknadel ohne Spitze zweimal durch die 8 Maschen ziehen und vernähen.

Hinweis: Die Angaben in den Anleitungen beziehen sich nur auf die Größe der abgebildeten Socken. Die meisten Modelle können Sie problemlos in allen anderen Größen nach den Angaben der Größentabellen stricken. Vergleichen Sie, ob der Musterrapport zu der erforderlichen Maschenzahl passt. Oft genügt eine Änderung der Fußlänge. Der Garnverbrauch kann sich dann entsprechend ändern.

Schwierigkeitsgrade

schnell und einfach

braucht etwas Übung

für Anspruchsvolle

ABKÜRZUNGEN

Fb = Farbe
fM= feste Masche(n)
Hinr = Hinreihe
Km = Kettmasche(n)
Lm = Luftmasche(n)
M = Masche(n)
Nd = Nadel(n)
R = Reihe(n)
Rd = Runde(n)
Rückr = Rückreihe
Stb = Stäbchen
str = stricken
wdh = wiederholen

Tipp: Die Materiallisten für die Modelle beinhalten genaue Garnbezeichnungen. Im Fachhandel finden Sie ein vielfältiges Angebot an verschiedensten Garnen und Farben.

Größentabelle für Regia 4fädig/Cotton/Silk/Stretch/Extra Twist Merino

GRÖSSE	22/23	24/25	26/27	28/29	30/31	32/33	34/35	36/37	38/39	40/41	42/43	44/45	46/47
Maschenanschlag/Maschenzahl je Nadel	44/11	48/12	48/12	52/13	52/13	56/14	56/14	60/15	60/15	64/16	64/16	68/17	72/18
Maschenzahl für Fersenbreite	22	24	24	26	26	28	28	30	30	32	32	34	36
Maschenzahl Bumerang-Ferse	7/8/7	8/8/8	8/8/8	8/10/8	8/10/8	9/10/9	9/10/9	10/10/10	10/10/10	10/12/10	10/12/10	11/12/11	12/12/12
Fußlänge von Fersenmitte bis Spitze in cm	11,5	12,5	14	14	15,5	17	18	18,5	20	21	22	22,5	24
ABNAHME FÜR BANDSPITZE nach der 1. Abnahme in der 4. Runde								1 x	1 x	1 x	1 x	1 x	1 x
in jeder 3. Runde	1 x	1 x	1 x	2 x	2 x	2 x	2 x	2 x	2 x	2 x	2 x	2 x	2 x
in jeder 2. Runde	3 x	3 x	3 x	3 x	3 x	3 x	3 x	3 x	3 x	3 x	3 x	4 x	4 x
in jeder Runde	4 x	5 x	5 x	5 x	5 x	6 x	6 x	6 x	6 x	7 x	7 x	7 x	8 x
Gesamte Fußlänge in cm	14,5	15,5	17	18	19,5	21	22	23,5	25	26,5	27,5	28,5	30

Tipp: Um die richtige Nadelstärke zu finden, arbeitet man ein mindestens 12 cm x 12 cm großes Probestück glatt rechts in Reihen. Dieses vorsichtig dämpfen und trocknen. Dann werden die Maschen und Reihen auf jeweils 10 cm ausgezählt. Sind es mehr als in der Anleitung angegeben, sollten dickere Nadeln verwendet werden. Bei weniger Maschen und Reihen empfehlen sich dünnere Nadeln.

Größentabelle für Regia 4fädig doppelt verstrickt

GRÖSSE	34/35	36/37	38/39	40/41	42/43	44/45	46/47
Maschenanschlag/Maschenzahl je Nadel	40/10	44/11	44/11	48/12	48/12	52/13	52/13
Maschenzahl für Fersenbreite	20	22	22	24	24	26	26
Maschenzahl Bumerang-Ferse	6/8/6	7/8/7	7/8/7	8/8/8	8/8/8	8/10/8	8/10/8
Fußlänge von Fersenmitte bis Spitze in cm	18	19	20,5	21,5	22,5	23	24,5
ABNAHME FÜR BANDSPITZE nach der 1. Abnahme in der 3. Runde							
in jeder 3. Runde	1 x	1 x	1 x	1 x	1 x	1 x	1 x
in jeder 2. Runde	3x	3x	3x	4x	4x	4x	4x
in jeder Runde	3x	4x	4x	4x	4x	5x	5x
Gesamte Fußlänge in cm	22	23,5	25	26,5	27,5	28,5	30

Kuschelsocken in Lila

mit Häkelblume

GRÖSSE
38/39

MATERIAL

* Regia Kids in Violett (Fb 7853), 100 g
* Regia 4-fädig in Violett (Fb 2020), Rest
* Nadelspiel 3,5-4 mm
* Häkelnadeln 2,5 mm und 3 mm

MASCHENPROBE
Mit Nd 3,5-4 mm bei glatt rechts
20 M und 28 Rd = 10 cm x 10 cm

Bündchenmuster

2 M rechts, 2 M links im Wechsel str.

Glatt rechts

Hinr rechts, Rückr links bzw. in Runden jede Rd rechts str.

Häkelblume

5 Lm häkeln und mit 1 Km in die 1. Lm zum Ring schließen.

1. Rd: 3 Lm als Ersatz für das 1. Stb, dann 14 Stb häkeln. Die Rd mit 1 Km in die 3. Lm am Rd-Beginn schließen.

2. Rd: 1 Lm, dann 5 Lm-Bögen arbeiten. Dafür im Wechsel 3 Lm und 1 fM in jedes 3. Stb häkeln. Nach dem 5. Bogen anstelle der fM 1 Km in die 1. Lm häkeln.

3. Rd: In jeden Bogen 1 fM, 6 Stb und 1 fM häkeln. Als Abschluss 1 Km in die 1. fM häkeln.

Anleitung

44 M mit Regia Kids anschlagen und ca. 20 cm im Bündchenmuster str. Noch ca. 2 cm glatt rechts str, dann Ferse und Fuß nach der allgemeinen Anleitung str. Beide Socken gleich arbeiten.

Mit Häkelnd 3 mm aus Regia Kids und mit Häkelnd 2,5 mm aus Regia 4-fädig je zwei Blümchen anfertigen. Die Blümchen wie auf der Abbildung aufeinander legen und an der Außenseite am Umschlag festnähen. Aus Regia Kids 20 Fäden à 12 cm zuschneiden, je 10 Fäden bündeln und unter den Blümchen einknüpfen.

Rosa Bettsöckchen

der reinste Luxus

GRÖSSE
38/39

MATERIAL
* Regia Extra Twist Merino in Rosa (Fb 9351), 50 g
* Anchor Artiste Metallic in Softgold (Fb 303), 25 g oder Rest
* Nadelspiel 2-2,5 mm
* Hilfsnadel

MASCHENPROBE
Mit Nd 2-2,5 mm bei glatt rechts 30 M und 42 Rd = 10 cm x 10 cm

Bündchenmuster

1 M rechts, 1 M links im Wechsel str.

Glatt rechts

Hinr rechts, Rückr links bzw. in Runden jede Rd rechts str.

Jacquardmuster

Glatt rechts jede Rd nach Zählmuster str. Die Buchstaben von der vorderen Mitte aus einteilen, die restlichen M im Pünktchenmuster str.

Pünktchenmuster

Glatt rechts 1 M in Rosa, 1 M in Softgold im Wechsel str und das Muster nach je 2 Rd versetzen.

Anleitung

60 M in Regia Extra Twist Merino anschlagen. Für das doppelte Bündchen 11 Rd im Bündchenmuster str. Dann über den M der 2. und 3. Nd im Jacquardmuster das Wort „Luxus" nach Zählmuster einstr, über den M der 1. und 4. Nd im Pünktchenmuster str. Noch 3 Rd glatt rechts in Regia Extra Twist Merino str.

In der folgenden Rd die M des Anschlags auf eine dünne Hilfsnd nehmen und das Bündchen nach innen umklappen; die Hilfsnd liegt jetzt hinter den Arbeitsnd. Danach von Rd-Beginn bis -Ende immer 1 M der vorderen Nd mit 1 M der Hilfsnd rechts zusammenstr. Weiter noch ca. 3,5 cm glatt rechts str, dann die Bumerang-Ferse und den Fuß nach der allgemeinen Anleitung str.

Die zweite Socke ebenso str, aber das Wort „Puppe" über den M der 2. und 3. Nd einstr.

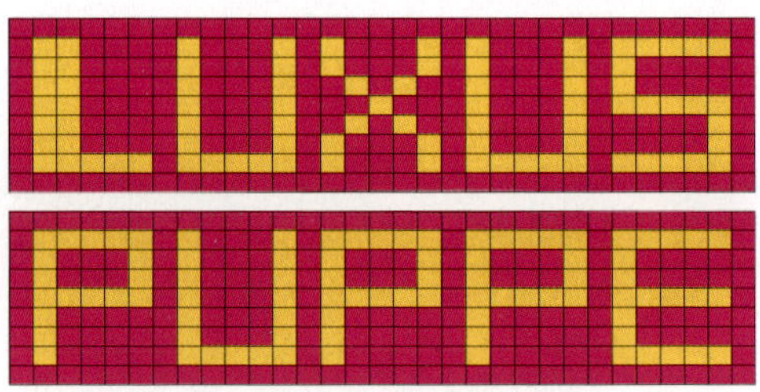

= Rosa
= Softgold

Bunte Zehensocken

nie mehr kalte Füße

GRÖSSE
38/39

MATERIAL
* Regia Design Line in Jazz Color (Fb 6452), 100 g
* 2 Nadelspiele 2-3 mm

MASCHENPROBE
Mit Nd 2-3 mm bei glatt rechts
30 M und 42 Rd = 10 cm x 10 cm

Bündchenmuster

1 M rechts verschränkt, 1 M links im Wechsel str.

Glatt rechts

Hinr rechts, Rückr links bzw. in Runden jede Rd rechts str.

Abnahmen bei den Zehenspitzen

Im Wechsel 2 M str und 2 M rechts zusammenstr, bis nur noch 4 bis 5 M übrig sind. Diese mit dem Arbeitsfaden zusammenziehen und vernähen.

Wichtig: Für die Zehensocken werden ca. 4 Maschen mehr angeschlagen als bei normalen Socken gleicher Größe und gleichen Garns, damit für das Stricken der einzelnen Zehen genügend Maschen vorhanden sind. Die Maschenzahl für die Bumerang-Ferse muss entsprechend angepasst werden. Die Maschenzahlen für die Zehen müssen der Größe der jeweiligen Zehen individuell angepasst werden. Schließlich können große Füße durchaus kurze Zehen und kleine Füße lange, schlanke Zehen haben.

Anleitung

Rechte Zehensocke

64 M anschlagen und 2 cm im Bündchenmuster str. Weiter 20 cm glatt rechts str, Bumerang-Ferse und den Fuß nach der allgemeinen Anleitung str, bis die Fußlänge von 20 cm erreicht ist.

Für die **große Zehe** die letzten 11 M der 3. Nd und die ersten 11 M der 4. Nd auf ein extra Nadelspiel nehmen und die übrigen M stilllegen. Für den Steg zwischen der großen Zehe und der 2. Zehe 2 M neu anschlagen. Über diese 24 M je nach Zehenlänge in Rd ca. 5 cm glatt rechts str und dann die Zehenspitze wie beschrieben arbeiten.

Für die **2. Zehe** mit einem neuen Faden die jeweils 6 letzten und ersten der stillgelegten M auf ein extra Ndspiel nehmen. Aus dem Steg der großen Zehe 2 M aufnehmen und für den Steg zur nächsten Zehe 2 M neu anschlagen. Über diese 16 M je nach Zehenlänge in Rd ca. 4-5 cm glatt rechts str und dann die Zehenspitze arbeiten.

Für die **3. Zehe** mit einem neuen Faden die jeweils 6 letzten und ersten der stillgelegten M auf ein extra Ndspiel nehmen. Aus dem Steg der 2. Zehe 2 M aufnehmen und für den Steg zur nächsten Zehe 2 M neu anschlagen. Über diese 16 M je nach Zehenlänge in Rd ca. 4-4,5 cm glatt rechts str und dann die Zehenspitze arbeiten.

Für die **4. Zehe** mit einem neuen Faden die jeweils 5 letzten und ersten der stillgelegten M auf ein extra Ndspiel nehmen. Aus dem Steg der 3. Zehe 2 M aufnehmen und für den Steg zur nächsten Zehe 2 M neu anschlagen. Über diese 14 M je nach Zehenlänge in Rd ca. 4 cm glatt rechts str und dann die Zehenspitze arbeiten.

Für die **kleine Zehe** mit einem neuen Faden die restlichen je 4 stillgelegten M str. Aus dem Steg der 4. Zehe 2 M aufnehmen und bei Bedarf auf der gegenüberliegenden Seite 1 M rechts verschränkt aus dem Querfaden aufnehmen. Über diese 10-11 M je nach Zehenlänge in Rd ca. 3-3,5 cm glatt rechts str und dann die Zehenspitze arbeiten.

Die linke Zehensocke gegengleich arbeiten.

Wichtig: Bei beiden Socken mit dem gleichen Farbrapport des Colorgarns beginnen und den Faden von außen vom Knäuel nehmen.

Füßlinge mit Flauschrand

für Schuhe viel zu schade

GRÖSSE
38/39

MATERIAL

* Regia 4-fädig Color in Sockenbeisser (Fb 1803), 50 g
* Regia Softy in Kirsche (Fb 429), 50 g oder Rest
* Nadelspiel 2-2,5 mm

MASCHENPROBE
Regia 4-fädig mit Nd 2-2,5 mm bei glatt rechts 30 M und 42 Rd = 10 cm x 10 cm

Bündchenmuster

1 M rechts, 1 M links im Wechsel str.

Glatt rechts

Hinr rechts, Rückr links bzw. in Runden jede Rd rechts str.

Anleitung

60 M mit Regia 4-fädig anschlagen und für den Minirollrand 5 Rd glatt rechts str. Weiter ca. 3 cm mit Softy im Bündchenmuster str. Danach mit Regia 4-fädig noch ca. 2 cm glatt rechts str, dann Ferse und Fuß nach der allgemeinen Anleitung str. Beide Socken gleich arbeiten.

Wichtig: Bei beiden Socken mit dem gleichen Farbrapport des Colorgarns beginnen und den Faden von außen vom Knäuel nehmen.

TIPP TIPP TIPP TIPP TIPP TIPP TIPP TIPP TIPP TIPP TIPP

Ohne Flauschrand und aus Sockenwolle mit Baumwollanteil tragen sich diese Socken bei sommerlichen Temperaturen sehr angenehm in Turnschuhen.

Hütten-Pantoffeln

reinschlüpfen und wohlfühlen

GRÖSSE
38/39

MATERIAL
* Regia 4-fädig in Kirsche (Fb 2002), 100 g
* Schachenmayr Divari Color in Terra Color (Fb 186), 50 g
* Regia Ledersohlen Gr. 38/39
* Nadelspiel 4-5 mm
* Häkelnadel 3 mm

MASCHENPROBE
Regia 4-fädig doppelt genommen mit Nd 4-5 mm bei glatt rechts 20 M und 28 Rd = 10 cm x 10 cm

Bündchenmuster

1 M rechts, 1 M links im Wechsel str.

Glatt rechts

Hinr rechts, Rückr links bzw. in Runden jede Rd rechts str.

Glatt links

Hinr links, Rückr rechts bzw. in Runden jede Rd links str.

Anleitung

44 M mit doppeltem Faden in Kirsche locker anschlagen und 2 Rd im Bündchenmuster str, dann nur die zweite Hälfte der Bumerang-Ferse str, d.h., verkürzte Reihen mit doppelten Maschen, aber ausgehend vom mittleren Drittel der Fersen-M von innen nach außen.

Die Ferse und den Fuß nach der allgemeinen Anleitung beenden.

Bei den Ledersohlen die vorgestanzten Löcher mit einer Stricknd weiten. Dann mit doppeltem Faden in Kirsche den Rand der Sohle wie folgt umhäkeln: In der Mitte der Fußinnenseite beginnen und den Faden mit der Häkelnd von innen durchholen. In jedes Loch 3 fM häkeln und mit einer Km die Rd schließen. Zwei weitere Rd fM in Kirsche häkeln, jeweils mit 1 Km die Rd schließen. Anschließend über die 9 M der 3 vorderen Löcher Stb häkeln.

Nun die Socken mit Überwendlingstichen mit Divari Color an die Sohlen nähen.

Für den Rollrand aus der Anschlagkante 22 M mit Divari Color aufnehmen und 3 R glatt links str, M locker abketten.

Beide Pantoffeln gleich arbeiten.

TIPP TIPP TIPP TIPP TIPP TIPP TIPP TIPP TIPP TIPP TIPP

Wer lieber hohe Hüttenschuhe möchte, strickt nach der allgemeinen Anleitung Socken mit kurzem Schaft und beginnt mit einem Rollrand aus Divari Color.

Sofasocken mit Bommeln

immer wieder sonntags

GRÖSSE
38/39

MATERIAL

* Regia Silk in Natur meliert (Fb 02), 100 g
* Schachenmayr Bravo Baby in Lachs (Fb 125), Rose (Fb 136) und Babygrün (Fb 170), Reste
* Nadelspiel 3,5-4,5 mm
* Häkelnadel 3,5-4 mm

MASCHENPROBE
Regia silk doppelt genommen mit Nd 3,5-4,5 mm bei glatt rechts 20 M und 28 Rd = 10 cm x 10 cm

Kraus rechts

In Hin- und Rückr rechts str.

Glatt rechts

Hinr rechts, Rückr links bzw. in Runden jede Rd rechts str.

Pompons

Aus fester Pappe zwei gleich große Ringe zuschneiden und aufeinander legen.

Den Faden doppelt nehmen, in eine Wollnadel fädeln und die Pappringe mit dem Garn umwickeln, bis das Loch in der Mitte ausgefüllt ist.

Dann die Wollfäden entlang der äußeren Kanten zwischen den Pappscheiben durchschneiden. Die Pappscheiben leicht auseinander ziehen, das Fadenbündel mit doppeltem Faden sehr fest umwickeln und gut verknoten.

Die Pappscheiben entfernen und den Pompon gleichmäßig rund schneiden.

Die Socken werden mit doppeltem Faden gestrickt!

Anleitung

44 M anschlagen und in Hin- und Rückr ca. 12 cm kraus rechts str. Die M auf 4 Nd (11 M pro Nd) verteilen und in Rd glatt rechts weiterstr. In ca. 20 cm Gesamtlänge die Bandspitze nach der allgemeinen Anleitung arbeiten. Den Anschlag zur Hälfte legen und zusammennähen. Für die Bogenkante die Öffnung mit einer Rd fM umhäkeln, mit 1 Km zur Rd schließen und eine Bogen-Rd wie folgt häkeln: 1 fM, *3 Stb in die 2. folgende M, 1 fM in die 2. folgende M, ab * wdh.

Je einen kleinen Pompon (Durchmesser ca. 3 cm) in Rose, Babygrün und Lachs anfertigen und an die vordere Mitte der Öffnung nähen.

TIPP TIPP TIPP TIPP TIPP TIPP TIPP TIPP TIPP TIPP TIPP

Statt mehrerer kleiner Pompons sieht auch ein großer, bunter Pompon hübsch aus. Dafür entweder verschiedenfarbige Fäden gleichzeitig oder die Farben flächenweise um die Pappscheiben wickeln.

Zehenfreie Söckchen

Eye-catcher für Ballerinas

GRÖSSE
36-39

MATERIAL
* Regia 4-fädig in Weiß (Fb 600), Limone (Fb 2019) und Lavendel (Fb 1988), je 50 g
* Nadelspiel 2-3 mm

MASCHENPROBE
Mit Nd 2-3 mm bei glatt rechts 30 M und 42 Rd = 10 cm x 10 cm

Bündchenmuster

1 M rechts, 1 M links im Wechsel str.

Glatt rechts

Hinr rechts, Rückr links bzw. in Rd jede Rd rechts str.

Anleitung

60 M in Weiß anschlagen und 6 Rd im Bündchenmuster str. Weiter glatt rechts 14 Rd in Lavendel, 3 Rd in Weiß, 14 Rd in Limone, 1 Rd in Weiß str und danach mit der Bumerang-Ferse beginnen. Durch die 2 Rd in der Fersenmitte, die über alle M gestrickt werden, entsteht ein Streifen in Weiß über 3 Rd.

Nach der Ferse 14 Rd in Lavendel, 3 Rd in Weiß und 14 Rd in Limone str. Noch 6 Rd in Weiß im Bündchenmuster str, M locker im Maschenrhythmus abketten.

Beide Socken gleich arbeiten.

Ballensocken

für heiße Tage der Hit

GRÖSSE
36-39

MATERIAL
* Regia 4-fädig in Lavendel (Fb 1988), Weiß (Fb 600), Rosa (Fb 1976) und Violett (Fb 2020), Reste
* Regia Silk in Rose (Fb 35), Rest
* Nadelspiel 2-2,5 mm
* Hilfsnadeln

MASCHENPROBE
Mit Nd 2-2,5 mm bei glatt rechts 30 M und 42 Rd = 10 cm x 10 cm

Bündchenmuster

1 M rechts, 1 M links im Wechsel str.

Glatt rechts

Hinr rechts, Rückr links bzw. in Runden jede Rd rechts str.

Streifenfolge

4 Rd in Violett, 3 Rd in Rosa, 2 Rd in Weiß, 1 Rd in Lavendel, 2 Rd in Weiß, 3 Rd in Rosa, 4 Rd in Violett = 19 Rd

Anleitung

Rechte Ballensocke

60 M in Lavendel anschlagen und 6 Rd im Bündchenmuster str, weiter glatt rechts 19 Rd in der Streifenfolge str. In Lavendel weiterstr und eine einseitige Bandspitze mit extra gestrickter großer Zehe arbeiten.

Für die große Zehe die letzten 10 M der 3. Nd und die ersten 10 M der 4. Nd stilllegen. Zunächst über die restlichen 40 M weiterstr, dabei in der 1. Rd für den Steg zwischen der großen Zehe und der großen Öffnung 4 M neu anschlagen = 44 M.

Außerdem für die einseitige Bandspitze bis 3 M vor Ende der 1. Nd str, 2 M rechts zusammenstr und 1 M rechts str, die 1. M der 2. Nd rechts str, dann 2 M rechts überzogen zusammenstr (1 M rechts abheben, 1 M rechts str und die abgehobene M überziehen). Diese Abnahmen noch 2 x in jeder 2. Rd wdh, 1 Rd ohne Abnahmen str und die M locker abketten, dabei links str.

Für die große Zehe zu den stillgelegten 20 M noch 4 M aus dem Steg auffassen = 24 M, noch 6 Rd glatt rechts str, dann die M abk, dabei links str.

Linke Ballensocke

Gegengleich arbeiten. Für die große Zehe die M am Ende der 1. Nd und am Beginn der 2. Nd stilllegen und die einseitige Bandspitze am Ende der 3. Nd wie bei der 1. Nd, und am Beginn der 4. Nd wie bei der 2. Nd arbeiten.

Lochmustersocken

luftig und duftig

GRÖSSE
38/39

MATERIAL
* Regia Cotton in Weiß (Fb 01), 100 g
* Schachenmayr Brazilia in Weiß (Fb 01), 50 g oder Rest
* Nadelspiele 2 mm und 2,5 mm

MASCHENPROBE
Regia Cotton mit Nd 2-2,5 mm bei glatt rechts
30 M und 42 Rd = 10 cm x 10 cm

Kraus rechts

1 Rd rechts, 1 Rd links im Wechsel str.

Glatt rechts

Hinr rechts, Rückr links bzw. in Runden jede Rd rechts str.

Lochmuster

Jede Rd im Lochmuster nach Strickschrift arbeiten, dabei den Rapport von 6 M stets wdh. Die 1.-4. Rd stets wdh.

Anleitung

56 M in Brazilia anschlagen und 6 Rd kraus rechts str. Weiter in Regia Cotton 1 Rd str und 1 M pro Nd zunehmen = 60 M. Im Lochmuster ca. 14 cm weiterarbeiten.

Für die Ferse noch 1 cm über die M der 1. und 4. Nd glatt rechts str, über die M der 2. und 3. Nd das Lochmuster str. Dabei die M wie folgt einteilen: Bei der 2. Nd 3 M glatt rechts str, dann die 4.-15. M der 2. Nd und die 1.-11. M der 3. Nd im Lochmuster, wie in der Strickschrift eingezeichnet, str. Die letzten 4 M der 3. Nd wieder glatt rechts str.

Die Bumerang-Ferse und den Fuß nach der allgemeinen Anleitung str, dabei die Mustereinteilung wie vor Fersenbeginn beibehalten. Bei ca. 20 cm Fußlänge die Spitze glatt rechts str.

Beide Socken gleich arbeiten.

Strickschrift Lochmuster mit Maschenaufteilung je Nadel

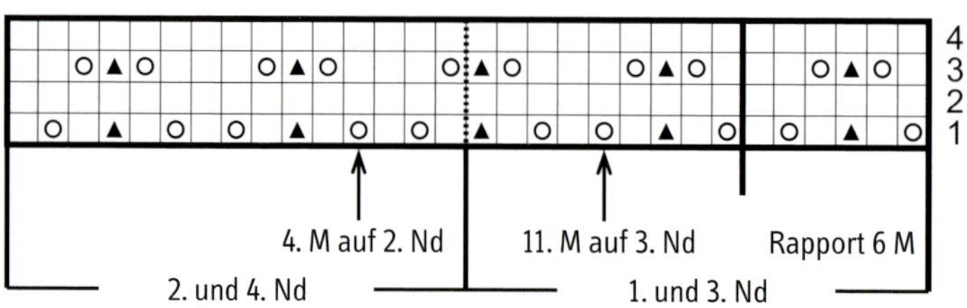

□ = 1 rechte M
○ = 1 Umschlag
▲ = 3 M rechts zusammenstr

Wild Thing

mit Leopardenmuster

GRÖSSE
38/39

MATERIAL
* Regia Silk in Kamel meliert (Fb 12), 100 g und Mocca meliert (Fb 10), 50 g
* Nadelspiel 2-3 mm

MASCHENPROBE
Mit Nd 2-3 mm bei glatt rechts 30 M und 42 Rd = 10 cm x 10 cm

Glatt rechts

Hinr rechts, Rückr links bzw. in Runden jede Rd rechts str.

Jacquardmuster

Glatt rechts jede Rd nach Zählmuster str, dabei den Rapport von 16 M stets wdh. Die 1.-20. Rd 2x str.

Anleitung

64 M in Mocca meliert anschlagen und für den Rollrand 8 Rd glatt rechts str.

Im Jacquardmuster weiterstr und den Rapport für den Schaft 2x wdh.

In Kamel meliert noch ca. 2 cm glatt rechts str, dann Ferse und Fuß nach der allgemeinen Anleitung str.

Beide Socken gleich arbeiten.

Zählmuster

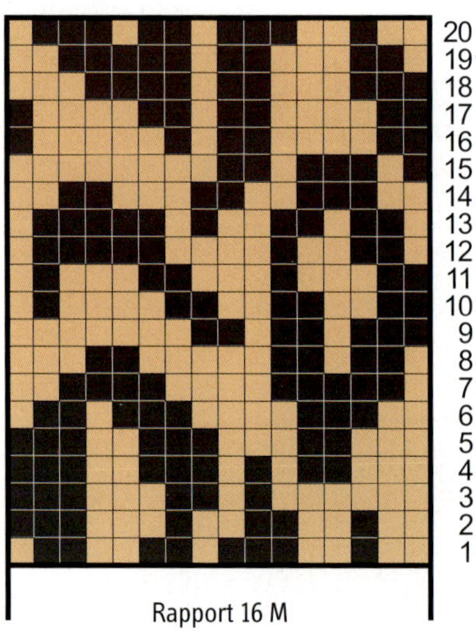

= 1 M in Kamel meliert
= 1 M in Mocca meliert

Total abgehoben

Socken mit Hebemaschen

GRÖSSE
38/39

MATERIAL
* Regia 4-fädig in Schwarz (Fb 2066), 100 g und Kirsche (Fb 2002), 50 g
* Nadelspiel 2-2,5 mm

MASCHENPROBE
Mit Nd 2-2,5 mm bei glatt rechts 30 M und 42 Rd = 10 cm x 10 cm

Bündchenmuster

2 M rechts, 2 M links im Wechsel str.

Glatt rechts

Hinr rechts, Rückr links bzw. in Runden jede Rd rechts str.

Hebemaschenmuster

Jede Rd nach Strickschrift str, dabei den Rapport von 8 M stets wdh. Die 1.-10. Rd. stets wdh.

Anleitung

60 M in Kirsche anschlagen und 3 Rd im Bündchenmuster str, 1 Rd rechte M str und weiter in Schwarz 3 cm im Bündchenmuster str. Noch eine Rd rechte M in Schwarz str und dabei verteilt 4 M zunehmen = 64 M.

Ca. 13 cm im Hebemaschenmuster arbeiten und noch zwei Rd in Schwarz glatt rechts str, dabei in der ersten Rd verteilt 4 M abnehmen = 60 M.

Die Ferse und den Fuß nach der allgemeinen Anleitung str, dabei ab 18 cm Fußlänge Ringel einstr: *1 Rd in Kirsche, 2 Rd in Schwarz, ab * 2 x wdh. Nach ca. 20 cm Fußlänge mit den Abnahmen der Bandspitze beginnen.

Beide Socken gleich arbeiten.

Strickschrift Hebemaschenmuster

- = 1 rechte M in Schwarz
- = 1 rechte M in Kirsche
- = 1 M links abheben, dabei liegt der Faden hinter der M

Rippenstulpen in Pink

zum Tanzen und Turnen

GRÖSSE
ca. 40 cm lang

MATERIAL

* Schachenmayr Universa in Pink (Fb 136), 100 g
* Nadelspiel 3-4 mm

MASCHENPROBE
Mit Nd 3-4 mm bei glatt rechts 22 M und 30 Rd = 10 cm x 10 cm

Rippenmuster

3 M rechts, 2 M links im Wechsel str.

Anleitung

60 M locker anschlagen und im Rippenmuster ca. 40 cm str bzw. bis der Knäuel fast aufgestrickt ist. M im Maschenrhythmus locker abketten. Beide Stulpen gleich arbeiten.

Knöchelwärmer

einfach verwirrend

GRÖSSE
36-39

MATERIAL
* Regia 4-fädig Color in Avenue Passion Color (Fb 1116), 50 g
* Regia 4-fädig in Violett (Fb 2020), 50 g oder Rest
* Nadelspiel 2-3 mm

MASCHENPROBE
Mit Nd 2-3 mm bei glatt rechts 30 M und 42 Rd = 10 cm x 10 cm

Bündchenmuster

2 M rechts, 2 M links im Wechsel str.

Glatt rechts

Hinr rechts, Rückr links bzw. in Runden jede Rd rechts str.

Anleitung

60 M in Violett anschlagen und ca. 6 cm im Bündchenmuster str. Anschließend in Avenue Passion Color weiter 6 cm glatt rechts str.

Für die offene Ferse die M der 1. und 4. Nd abketten und in der nächsten Rd wieder neu anschlagen. Noch 8 cm glatt rechts str, M locker abketten, dabei links str. Beide Knöchelwärmer gleich arbeiten.

Wichtig: **Bei beiden Knöchelwärmern mit dem gleichen Farbrapport des Colorgarns beginnen und den Faden von außen vom Knäuel nehmen.**

Wadenwärmer

super zu Stiefeln

GRÖSSE
ca. 30 cm lang

MATERIAL
* Regia Hand-dye Effect in Malachit (Fb 6551), 100 g
* Nadelspiel 2-3 mm

MASCHENPROBE
Mit Nd 2-3 mm bei glatt rechts 30 M und 42 Rd = 10 cm x 10 cm

Rippenmuster

2 M rechts, 2 M links im Wechsel str.

Anleitung

72 M locker anschlagen und 30 cm im Rippenmuster str. M im Maschenrhythmus locker abketten. Beide Wadenwärmer gleich arbeiten.

Wichtig: Bei beiden Wadenwärmern mit dem gleichen Farbrapport des Colorgarns beginnen und den Faden von außen vom Knäuel nehmen.

Ringelstulpen

das Muss bei Minusgraden

GRÖSSE
ca. 42 cm lang

MATERIAL
* Regia 6-fädig Color in Country Afrika Color (Fb 4761), 150 g
* Nadelspiel 3,5-4 mm

MASCHENPROBE
Mit Nd 3-4 mm bei glatt rechts 22 M und 30 Rd = 10 cm x 10 cm

Bündchenmuster

2 M rechts, 2 M links im Wechsel str.

Glatt rechts

Hinr rechts, Rückr links bzw. in Runden jede Rd rechts str.

Anleitung

68 M anschlagen und 13 cm im Bündchenmuster str, 22 cm glatt rechts und 7 cm im Bündchenmuster str. In 42 cm Gesamthöhe alle M locker abketten. Beide Stulpen gleich arbeiten.

Wichtig: Bei beiden Stulpen mit dem gleichen Farbrapport des Colorgarns beginnen und den Faden von außen vom Knäuel nehmen.

KREATIV-HOTLINE

Hilfestellung zu allen Fragen, die Materialien und Bastelbücher betreffen: **Frau Erika Noll** berät Sie. Rufen Sie an!

Telefon: 0 50 52 / 91 18 58*

*normale Telefongebühren

TOPP – Unsere Servicegarantie

WIR SIND FÜR SIE DA! Bei Fragen zu unserem umfangreichen Programm oder Anregungen freuen wir uns über Ihren Anruf oder Ihre Post. Loben Sie uns, aber scheuen Sie sich auch nicht, Ihre Kritik mitzuteilen – sie hilft uns, ständig besser zu werden.

Bei Fragen zu einzelnen Materialien oder Techniken wenden Sie sich bitte an unseren Kreativservice, Frau Erika Noll.
mail@kreativ-service.info
Telefon 0 50 52 / 91 18 58

Das Produktmanagement erreichen Sie unter:
pm@frechverlag.de
oder:
frechverlag
Produktmanagement
Turbinenstraße 7
70499 Stuttgart
Telefon 07 11 / 8 30 86 68

LERNEN SIE UNS BESSER KENNEN! Fragen Sie Ihren Hobbyfach- oder Buchhändler nach unserem kostenlosen Kreativmagazin **Wolle & Co.** Darin entdecken Sie vierteljährlich die neuesten Kreativtrends und interessantesten Buchneuheiten.

Oder besuchen Sie uns im Internet! Unter **www.frechverlag.de** können Sie sich über unser umfangreiches Buchprogramm informieren, unsere Autoren kennenlernen sowie aktuelle Highlights und neue Kreativtechniken entdecken, kurz – die ganze Welt der Kreativität.

Kreativ immer up to date sind Sie mit unserem monatlichen **Newsletter** mit den aktuellsten News aus dem frechverlag, Gratis-Bastelanleitungen und attraktiven Gewinnspielen.

IMPRESSUM

FOTOS: frechverlag GmbH, 70499 Stuttgart; lichtpunkt, Michael Ruder, Stuttgart (S. 7, 11, 13, 29, 30, 31); Fotostudio Ullrich & Co., Renningen (S. 9, 15, 17, 19, 21, 23, 25, 27, 28)

PRODUKTMANAGEMENT UND LEKTORAT: Eva-Barbara Hentschel

LAYOUT: Karoline Steidinger

DRUCK: frechdruck GmbH, 70499 Stuttgart

Auflage:	5.	4.	3.	2.	1.	
Jahr:	2014	2013	2012	2011	2010	[Letzte Zahlen maßgebend]

ISBN 978-3-7724-3840-0 • Best.-Nr. 3840

DANKE!

Wir danken der Firma Coats für die Unterstützung bei diesem Buch: Coats GmbH Kenzingen www.coatsgmbh.de